EDITORIAL

Wie schön, dass in den letzten Jahren immer mehr BastlerInnen ihre Fenster mit den verschiedensten Motiven aus Papier schmücken. So ist die Aussicht nie langweilig und selbst Nachbarn und Spaziergänger können sich an den wechselnden Bildern erfreuen.

In diesem Buch möchte ich Ihnen zeigen, dass Sie mit etwas Geduld und wenigen Materialien zur Abwechslung auch mal auf Ihre Stoffgardinen verzichten können.

Für die ganze Wohnung finden Sie hier Vorschläge für „maßgeschneiderte“ Gardinen aus Tonkarton, die Sie passend zu Ihrer Einrichtung und zur Jahreszeit herstellen können. Außerdem erkläre ich Ihnen genau, wie Sie die Motive an Ihre Fenstergröße anpassen können.

Bei der großen Auswahl an Gardinen ist sicherlich auch für Ihren Geschmack etwas dabei. Ich freue mich auf die vielen fröhlich gestalteten Fenster!

Ihre Silke Kobold

INHALT

Beschreibung der Blütengardine auf Seite 3 siehe Seite 24.

Material und Werkzeug

- *Ton-, Künstler- oder Fotokarton, ca. 200 g/m²*
- *Faserseide*
- *Architektenpapier*
- *Cutter (Schneidemesser) und Cuttermatte*
- *Schere*
- *Lineal, evtl. Geo-Dreieck*
- *Bleistift, hart und weich*
- *Klebestift (ohne Lösungsmittel)*
- *Klebstoff*
- *Hefter*

Papiere

Karton:
Obwohl die meisten Motive sehr groß sind, wurden sie dennoch aus leichtem Karton gearbeitet. Da die Papiergardinen mit kleinen Klebestreifen direkt an der Fensterscheibe befestigt werden, sollten Sie keinen schweren Karton verwenden. Dünnerer Karton hat zudem den Vorteil, dass zwei Motivteile gleichzeitig ausgeschnitten werden können.
Der hier häufig verwendete Künstlerkarton hat den Vorteil, dass er sehr viel lichtbeständiger als andere Kartonarten ist. Er kann außerdem, wie beim Teddy auf S. 15 gezeigt, gut zum Hinterkleben verwendet werden, da er leicht durchscheinend ist.
Selbstverständlich können Sie aber auch z. B. Fotokarton für die Motive verwenden. Bis zu einer Stärke von 220g/m² lässt er sich meiner Erfahrung nach recht gut doppelt ausschneiden. Sie erhalten ihn auch geprägt.

TIPP:

Zum Befestigen direkt an der Fensterscheibe eignet sich am besten beidseitig klebender Klebestreifen. Man erhält diesen z. B. in Geschäften für Fotografiebedarf.

Faserseide:
Für einige Motive wurde Faserseide verwendet. Dieses Material bleicht nicht so leicht aus wie z.B. Blumenseide oder Transparentpapier und lässt sich für die gezeigte Technik besser verwenden. Allerdings müssen Sie damit rechnen, dass die Farbe dem Sonnenlicht nicht sehr lange standhält. Wenn Sie aber die Papiere mit einem lösungsmittelfreien Klebstoff zusammenfügen, so kann die Faserseide gegebenenfalls ausgetauscht werden.

Das Übertragen der Vorlage

Die Vorlagen können Sie auf zwei verschiedene Arten auf den Karton übertragen:

1. Legen Sie einen Bogen Architektenpapier auf den Vorlagenbogen und zeichnen Sie die Linien mit einem weichen Bleistift nach. Dann befestigen Sie das Architektenpapier mit der Vorderseite nach unten auf dem gewünschten Karton und zeichnen die Linien nochmals mit einem harten Bleistift nach. Die Linien werden so auf den Karton übertragen. Dann werden die Felder gemäß der jeweiligen Anleitung herausgeschnitten.

2. Kopieren Sie das gewünschte Motiv, entweder wie unter Punkt 1 beschrieben oder in einem Kopierladen, und kleben Sie die Kopie auf einen festen Karton. Schneiden Sie dann die Felder gemäß der Anleitung heraus. So erhalten Sie eine Schablone, die Sie mehrfach verwenden können. Das ist, trotz des zusätzlichen Arbeitsschrittes, immer dann besonders sinnvoll, wenn Sie die Vorlage mehrere Male verwenden wollen und/oder Sie eine möglichst genaue Wiedergabe des gezeigten Motivs wünschen.

Motive doppelt ausschneiden

Alle vorliegenden Motive wurden in doppelter Ausfertigung gearbeitet. Dazu wird das Motiv zunächst auf einen Bogen Karton übertragen. Dann legen Sie den zweiten Karton genau unter den ersten und befestigen die beiden Bogen an einigen Stellen mit Heftklammern.
Die zusammengehefteten Felder bzw. die Ränder des Motivs werden erst zum Schluss des Schneidevorgangs herausgeschnitten. Bei Motiven, die mit Karton oder mit Faserseide hinterklebt werden sollen, wird das Bild pro Fensterseite doppelt ausgeschnitten.

TIPP:

Fast alle einfarbigen Motive eignen sich für die Technik des Hinterklebens. Probieren Sie doch einmal eigene Varianten aus.

TIPP:

Wenn Sie, wie hier bei allen vorliegenden Motiven geschehen, geprägten Karton verwenden, sollten Sie auf Folgendes achten:
Eine Seite des Kartons ist schwächer geprägt. Auf diese wird das Motiv aufgezeichnet. Die beiden Kartonhälften werden nun mit den Vorderseiten gegeneinander zusammengeheftet.

Das Herausschneiden der Felder

1. Benutzten Sie eine geeignete Schneideunterlage und versehen Sie Ihren Cutter mit einer scharfen Klinge.

2. Schneiden Sie die Felder immer so heraus, dass die eingezeichneten Bleistiftlinien verschwinden. Drehen Sie die Arbeit dabei so auf der Unterlage, dass die Linien vor der Klinge liegen. So können Sie deren Verlauf gut verfolgen.

3. Diese Regel lässt sich nur an einigen wenigen Stellen nicht so gut einhalten. In Fällen, wo mehrere schmale Linien dicht nebeneinander liegen, oder, wie z. B. bei den Ohren des Elefanten (s. S. 8), aufeinander treffen, sollten Sie besser beide Seiten der schmalen Felder von deren Spitze ausgehend bearbeiten. Hier ist es ratsam, den umliegenden Karton mit dem Finger fest auf die Unterlage zu drücken, damit die Schneidelinie nicht verfehlt wird. Vorsicht! Bitte nicht in den Finger schneiden.
Achtung: *Bitte berücksichtigen Sie die jeweiligen Angaben zur Schneidefolge!*

Mädchen auf Schaukel

Größe: *Breite 34,5 cm, Höhe 48,5 cm*
Material: *Künstlerkarton in Weiß*
Veränderung: *1 - 3, 7*

Bei diesem Motiv können Sie die Höhe vergrößern, indem Sie die Schaukelseile und den Baumstamm verlängern. Zusätzlich ist es auch gut möglich, die Krone des Baumes zu vergrößern und noch mehr Äpfel einzuzeichnen.

Schneidefolge:
- ✂ *Innenlinien Gesicht und Haare*
- ✂ *Innenfelder Arme, Kleid, Füße*
- ✂ *Innenfelder Schaukel*
- ✂ *Äpfel und Innenfelder Baum*
- ✂ *Restliche Felder*

Elefanten

Größe Rapport:
Breite 12,2 cm , Höhe 22,2 cm
Material: *Elefantenhaut*
Veränderung: *1 - 5*

Auf der kleinen Abbildung sehen Sie eine Variante aus hellgrünemTonkarton.

Schneidefolge:
- ✂ *Innenlinien Kopf, Rüssel, Ohren*
- ✂ *Innenlinien Blätter*
- ✂ *Restliche Felder*

Osterhasen

Größe Rapport: Breite 20,5 cm, Höhe 24 cm
Material: Künstlerkarton in Weiß
Veränderung: 1 - 5

Auf dem Vorlagenbogen finden Sie eine Skizze, mit deren Hilfe Sie die Höhe der Osterhasen-Gardine vergrößern können. Die gestrichelte Linie zeigt Ihnen, an welcher Stelle Sie den Rapport ansetzen können. Ebenfalls mit Punkten eingezeichnet finden Sie Osterhasen und Tulpen, die Sie zusätzlich anbringen können.

Schneidefolge:
✂ *Hasen bei den Ohren beginnend*
✂ *Tulpen bei den Blüten beginnend*

Filigrane Blütenecke

Größe: Ecklinien 14 cm x 15,5 cm
Material: Künstlerkarton in Gelb
Veränderung: 1, 2, 3, 6, 7

Dieses Motiv eignet sich besonders gut für Sprossenfenster. Sie können die einzelnen Teile aber auch zu einer Rosette (gegengleich in der Diagonalen oder der Senkrechten/Waagerechten) oder einer Girlande zusammensetzen (Skizze auf dem Vorlagenbogen).

Schneidefolge:
✂ *Felder von der Ecke ausgehend*

Blüten-Gardine

Größe Rapport: *Breite 15 cm, Höhe 37,5 cm*
Material: *Künstlerkarton in Rosa*
Veränderung: *1, 2 (oberer Rand), 4, 5*

TIPP:

Hier ist es sinnvoll, die drei senkrecht verlaufenden Motivteile nacheinander, von links nach rechts, zu bearbeiten. Für die Außenteile brauchen Sie dann auch nicht bei jedem einzelnen Feld den Karton zu drehen, sondern können alle Linien der Felder, die in einer Richtung liegen, nacheinander schneiden.

Schneidefolge:
- *Felder der unteren runden Blüte von innen nach außen*
- *Felder vom Kreismotiv ausgehend zum oberen Rand hin*

Clown

Größe: *Breite 39 cm, Höhe 100 cm*
Material: *Fotokarton in Weiß, Faserseide in Gelb, Violett, Grün, Blau, Rosa*
Veränderung: *1 - 3*

Sie können die Höhe erweitern, indem Sie oben noch mehr Luftballons hinzufügen oder etwas mehr Fußboden hinzugeben. Das in diesem Fall notwendige Zusammensetzen des Kartons ist am leichtesten über dem Kopf oder im Bereich der Hose zu bewerkstelligen.

Schneidefolge:
- *Linien, Augen, Nase, Mund, Kopf, Ohr, Haare*
- *Pullover von oben nach unten*
- *Taschentuch, Hose, Strumpf, Schuh*
- *Innenlinien Hand*
- *Innenfelder Luftballons, dann restliche Linien von innen nach außen*

Teddy mit Luftballons

Größe: Breite 30,5 cm, Höhe 49,5 cm
Material: Künstlerkarton in Weiß, Violett, Hell- und Dunkelblau, Grün, Orange, Gelb, Rot
Veränderung: 1, 2 (oberer Rand), 3 (Luftballons vergrößern)

Sie können die Höhe dieses Motivs vergrößern, indem Sie noch weitere Luftballons hinzufügen. Die mehrfarbige Version wurde hier aus Stabilitätsgründen mit Künstlerkarton hinterlegt. Die Schneidelinien für die mehrfarbige Variante sind auf der Vorlage mit Punkten eingezeichnet.

Schneidefolge:

- ✂ *Innenlinien Kopf, Hände, Füße*
- ✂ *Innenfelder Hose: Träger, Bauch, Bein linke Seite, Rücken vom Bauch ausgehend*
- ✂ *Felder Luftballons vom Kopf des Teddys ausgehend*

Auf der kleinen Abbildung sehen Sie eine einfarbige Variante des Teddys.

Schlafender Teddy

Größe oberes und unteres Teil: *Breite 48 cm, Höhe 40 cm*
Material: *Künstlerkarton in Hellblau*
Architektenpapier
Veränderung: *1, 2, 3, 6*

Das obere Teil, den Sternenhimmel, können Sie auch gut gegengleich arbeiten und in der oberen Mitte des Fensters anbringen (s. Skizze auf dem Vorlagenbogen). Nach dem Ausschneiden wird das gesamte Motiv mit einem lösungsmittelfreien Klebstoff auf einen Bogen Architektenpapier geklebt und rundherum mit einer Schere ausgeschnitten. So erhalten Sie ein Motiv für zwei Fensterecken.

Schneidefolge oberes Teil :
- ✂ *Felder nacheinander, von einer Ecke ausgehend*

Schneidefolge unteres Teil:
- ✂ *Linien und Sterne des Schlafanzugs von rechts nach links*
- ✂ *Sterne und dann Außenlinie der Mütze*
- ✂ *Innenfelder Kopf, Hand, Füße*
- ✂ *Innenlinien der Kissen, dann Außenlinien*
- ✂ *Restliche Linien*

Segelboot

Größe Rapport: *Breite 13,5 cm, Höhe 40 cm*
Material: *Künstlerkarton in Dunkelblau und Weiß*
Veränderung: *1-5*

Bei der weißen Gardine wurden die Felder herausgeschnitten. Bei der blauen Gardine, die sich auch als Wandbild oder als Schmuck für die Badezimmertür eignet, wurden die Teile mit der Schere ausgeschnitten und auf blauen Künstlerkarton geklebt. Die einzelnen Elemente können Sie ganz nach Ihrem Geschmack oder gemäß der Abbildung zusammensetzen.
An den Außenrändern wurde der Rapport bei beiden Varianten um jeweils 3 cm verbreitert und die Linie der Wolken entsprechend fortgeführt. Dieses Motiv lässt Ihnen besonders viel Spielraum für Vergrößerungen. Sie können einfach die Breite des Fensters ausmessen und ein entsprechend großes Stück Karton (ggf. zusammengesetzt) zurechtschneiden. Auch die Höhe können Sie gut verändern. Die einzelnen Motivteile können Sie dann nach eigener Vorstellung verteilen.

Schneidefolge:
✂ *Von oben nach unten*

Pinguine im Bad

***Größe Rapport:** Breite 20 cm, Höhe 33 cm*
***Material:** Künstlerkarton in Weiß*
***Veränderungen:** 1, 3, 4, 5, 7*

Wenn Sie diese Gardine verändern möchten, können Sie auch nur eine oder zwei der Figuren auswählen. Die Abschlussreihen oben und unten lassen sich beliebig nach außen verschieben.
Wenn Ihre Gardine sehr viel höher sein soll, können Sie z. B. zwei Reihen Fische anbringen. Hier können Sie genauso wie bei den Segelbooten (s. S. 18/19) die Motive aufkleben statt sie herauszuschneiden.

Schneidefolge Pinguin mit Kamm:

✂ *Innenfeld Kamm*
✂ *Augen, Schnabel, Spiegel*
✂ *Restliche Felder Kopf und Oberkörper*
✂ *Handtuch von links nach rechts, Füße*

Schneidefolge Pinguin unter der Dusche:

✂ *Löcher für das Wasser mit einer spitzen Stopfnadel einstechen*
✂ *Linie Dusche, dann Schnabel und feine Linien des Körpers*
✂ *Auge und restliche Felder*

Schneidefolge Pinguin mit Bürste:

✂ *Auge, Schnabel, feine Linien Bauch und Füße*
✂ *Bürste und restliche Felder von oben nach unten*

Die kleinen Fische werden zum Schluss herausgeschnitten.

Herbstfrüchte

(Beschreibung auf Seite 22)

Herbstfrüchte

Größe: *große Ecke: Breite 30,5 cm, Höhe, 56,5 cm*
kleine Ecke: Breite 37 cm, Höhe 24,5 cm
Material: *Künstlerkarton in Weiß*
Veränderung: *1, 2, 3, 4, 6, 7*

Die Abbildung auf S. 21 zeigt eine Variante der kleinen Ecke. Der senkrechte Seitenstreifen wurde beim gegengleichen Ansetzen des Motivs so weit nach innen verschoben, dass unten das Weinblatt ganz erscheint. Dessen äußere Spitze muss dann ein wenig verändert werden.
Zusätzlich wurden in der Mitte weiter oben noch zwei kleine Linien für Weintrauben eingefügt.

Mit der großen Ecke können Sie ähnlich verfahren. Bei ihr sollte dann aber der senkrechte Steg die Mitte des Motivs bilden. Wenn Sie die Ecken gegengleich arbeiten, um z. B. den oberen Rand eines breiten Fensters zu dekorieren, berücksichtigen Sie bitte Punkt 4 der Veränderungen.

Schneidefolge:
✂ *Von einer Ecke ausgehend*

Große Blütenecke

Größe Rapport: *Breite 16 cm, Seitenlänge 33,5 cm*
Material: *Künstlerkarton in Weiß*
Veränderung: *1 - 7*

Auf Seite 3 sehen Sie eine weitere Variante dieser Blütenecke.
Bitte beachten Sie bei diesem Motiv besonders die Anleitung zum Herausschneiden der Felder (s. S. 5). Die verschiedenen Möglichkeiten der Zusammensetzung des Rapports finden Sie auf dem Vorlagenbogen.
Teil 2 ist Bestandteil von Teil 1. Die mit einem kleinen Kreuz versehenen Felder von Teil 2 fallen beim Einsetzen des Dreiecks in den Randbereich und werden daher nicht ausgeschnitten. Bei Beispiel 3 werden die unterhalb der gestrichelten Linie liegenden Felder ebenfalls aus diesem Grund nicht bearbeitet. Den innen liegenden Abschluss können Sie bei Beispiel 1 und 2 wahlweise etwas geschwungener oder mit geraden Linien gestalten. Für einen Abschluss für die untere Fensterecke können Sie das Motiv an irgendeiner Stelle beenden, indem Sie dort eine gerade Linie ziehen und die auszuschneidenden Felder dementsprechend anpassen (s. Skizze auf dem Vorlagenbogen).

Schneidefolge:

✂ *Von der Ecke mit dem Pfeil ausgehend*

Sonnenblumen

Größe: *Breite 34 cm, Höhe 70 cm/100 cm*
Material: *Blattwerk: Fotokarton 300g, in Grün*
Blüten: Künstlerkarton in Gelb bzw. Braun
Veränderung: *1, 5*

Bei diesem Motiv wird zunächst das Blattwerk der Pflanze mit dem Cutter ausgeschnitten. Die beiden Teile der Blüten schneiden Sie am besten jeweils doppelt mit einer Schere aus. Zuerst werden die Blüten, dann die braunen Innenteile aufgeklebt. Die gelben Blätter der kleinen Blüte brauchen Sie nur einmal auszuschneiden. Bei ihr muss aber der Ansatz des Stängels nochmals gearbeitet und die Blüte zwischen den beiden Teilen befestigt werden.
Die Zeichnung auf dem Vorlagenbogen zeigt das 70 cm hohe Motiv. Um es auf 100 cm zu vergrößern, muss die Vorlage nochmals um 30 cm nach oben verschoben angesetzt werden. Die gepunkteten Linien zeigen die Position bei der Vergrößerung. Die große Blüte sollte bei dem großen Motiv auch anders platziert werden (s. Abbildung). Wenn Sie möchten, können Sie die Schablone mehrmals ansetzen und so z. B. eine Terrassentüre dekorieren.

Schneidefolge:
- ✂ *Innenlinien Blätter*
- ✂ *Restliche Felder von oben nach unten*

Engel

Größe: *Breite 50 cm , Höhe 53,5 cm*
Material: *Künstlerkarton in Weiß*

Veränderung: *1, 3, 6 und 2 unter der Bedingung, dass die Sterne am Rand entweder nach innen verschoben oder komplett weggelassen werden.*

Sie können diese Gardine gut vergrößern, indem Sie einen größeren Bogen Karton verwenden. Die Abschlussbögen können Sie beliebig erweitern, die Sterne nach eigenen Vorstellungen verteilen und/oder den Engel nochmals einzeichnen.

Schneidefolge:

✂ *Engel*
✂ *Sterne am Rand nacheinander*
✂ *Restliche Sterne*

Stern-Ecken

Größe:
Außenlinie: 14 cm x 14 cm
Material: *Künstlerkarton in Weiß*
Veränderung: *1, 6, 7*

Beim Zusammenfügen zu einem halben oder ganzen Stern muss die Außenspitze entsprechend abgeändert werden.

Schneidefolge:
✂ *Felder von der Ecke ausgehend*

Fenster bemalen mit dem Kreidestift – natürlich von Hobbidee®

Handlich und leicht wie ein Filzstift gleitet der Fenstermalstift über die Glasfläche. Mit diesem Stift lassen sich ganz leicht Fensterbilder auf Glas aufmalen – mit flüssiger Kreide: deckend, auf Wasserbasis und hinterher rückstandsfrei mit einem feuchten Tuch wegwischbar – ruck, zuck!
Und damit das mit den Motiven auch gleich klappt, gibt es Malvorlagen von Hobbidee. Sie werden hinter der Scheibe befestigt, dann läßt sich das Motiv ganz einfach auf das Fenster übertragen. So leuchten uns drinnen und den Nachbarn draußen helle, schöne Fenstermotive entgegen. Probieren Sie's aus: geringer Aufwand, große Wirkung und noch mehr Spaß!

Fenstermalstift – der Kreidestift

Einfach zu malen – und schnell wieder weggewischt! In vielen kräftigen Farbtönen.
Hobbidee-Artikel-Nr. 05-001 01 ff.

Preise und weitere Informationen erhalten Sie von Ihrem Händler

Malvorlagen

Zu vielen Themen und in verschiedenen Größen gibt es Malvorlagen für den Fenstermalstift: für Kinder und Erwachsene.
Hobbidee-Artikel-Nr. 05-002 01 ff.

Und was gibt´s sonst noch ?

Von Silke Kobold sind im frechverlag weitere Titel erschienen:

TOPP 2182

TOPP 2233

TOPP 2347

TOPP 2382

TOPP 2363

TOPP 2543

Impressum

TOPP 2534

Fotos:
frechverlag Stuttga
Fotostudio
Ullrich & Co.,
Renningen

Auflage:
4. 3. 2.
Jahr:
2002 2001 2000 1
Letzte Zahlen
maßgebend.

frechverla

ISBN 3-7724-2534

Druck:
frechverlag GmbH +
Druck KG
D-70499 Stuttgart
Turbinenstraße 7

Dieses Buch enthä
4 Vorlagenbogen